# Francia

Julie Murray

Abdo Kids Jumbo es una subdivisión de Abdo Kids
abdobooks.com

**abdobooks.com**

Published by Abdo Kids, a division of ABDO, P.O. Box 398166, Minneapolis, Minnesota 55439.


Printed in China

052025

092025

THIS BOOK CONTAINS RECYCLED MATERIALS

Spanish Translator: Maria Puchol

Photo Credits: Getty Images, Shutterstock

Production Contributors: Teddy Borth, Jennie Forsberg, Grace Hansen
Design Contributors: Laura Graphenteen, Candice Keimig

Library of Congress Control Number: 2024949828

Publisher's Cataloging-in-Publication Data

Names: Murray, Julie, author.

Title: Francia/ by Julie Murray;

Other title: France. Spanish

Description: Minneapolis, Minnesota: Abdo Kids, 2026. | Series: Países | Includes online resources and index

Identifiers: ISBN 9798384906551 (lib.bdg.) | ISBN 9798384907114 (ebook)

Subjects: LCSH: France--Juvenile literature. | Europe--Juvenile literature. | France--History--Juvenile literature. | France--Social life and customs--Juvenile literature. | Geography--Juvenile literature. | Spanish language materials--Juvenile literature.

Classification: DDC 944.0--dc23

# Contenido

## Francia

Francia está en Europa, aunque también tiene algunos **territorios** dispersos por el mundo. Allí viven alrededor de 68 millones de personas.

Durante la Primera Guerra Mundial (1914–1918) y la Segunda Guerra Mundial (1939–1945), Francia sufrió una gran devastación. La invasión del **Día D** tuvo lugar en las playas de Normandía en 1944. Este lugar recibe numerosos visitantes todos los años.

US 310
Normandía
Francia

## Geografía

Con Francia limitan siete países y cuatro masas de agua. Además, muchos ríos fluyen por todo el país.

mar del
Norte
Alemania
Bélgica
canal de la Mancha
Luxemburgo
Francia
Suiza
océano
Atlántico
Italia
mar
Mediterráneo
España
Andorra

Los paisajes de Francia son preciosos. Tiene bosques, llanuras, **mesetas** y montañas. Gran parte del país son llanuras bajas. La mitad de su territorio es agrícola.

Mont Blanc es el punto más alto de los **Alpes**. Se eleva a 15,777 pies de altura (4807 m). Es una zona conocida por el esquí, el senderismo y las carreras de montaña.

Mont Blanc
Francia
Mont Blanc

## Ciudades importantes

París es la capital, es la ciudad más grande de Francia. Es el centro de la **cultura** y los negocios. La Torre Eiffel es un lugar muy famoso, mide 1083 pies de altura (330 m).

París
Francia

La segunda ciudad más grande de Francia es Marsella, además de ser la ciudad más antigua. Fue fundada en el año 600 antes de la era común. También es una importante ciudad con **puerto**.

Francia
Marsella

## Comida

Francia es conocida por su pan y su repostería. Hornean *croissants* y *baguettes* a diario. *Boeuf bourguignon* es un guiso de carne francés, servido a menudo con patatas.

**boeuf bourguignon**

## El Tour de Francia

El Tour tiene lugar cada año. Es una carrera ciclista de 2500 millas (4000 km). Millones de personas se alinean en las calles para animar a los ciclistas.

# Lugares emblemáticos

museo del Louvre
París, Francia

palacio de Versalles
Versalles, Francia

parque nacional Vanoise
Alpes franceses

Torre Eiffel
París, Francia

# Glosario

**Alpes** – cadena montañosa de Europa, que se extiende desde Austria a Eslovenia por el este, hasta Italia, Suiza, Alemania, Liechtenstein y Francia por el oeste.

**cultura** – características de un grupo particular de personas con el mismo idioma, costumbres, ideas y arte.

**Día D** – 6 de junio de 1944, fue el día en el que las fuerzas Aliadas invadieron la Francia ocupada por los alemanes durante la Segunda Guerra Mundial.

**meseta** – terreno elevado y llano.

**puerto** – lugar cerca de la ciudad o pueblo donde los barcos cargan y descargan.

**territorio** – superficie terrestre de un país, en el cual gobierna.

# Índice